Jardim Da Adoração

Jardim Da Adoração

Autor: Jessika Gonçalez

PREFÁCIO

Hoje você vai entender algumas coisas que passou a sua vida toda perguntando e sentindo falta. Você entende o propósito da sua vida?

Já se resolveu emocionalmente, mas ainda sente que falta algo em sua vida? Esta matemática de entender os dias que se passam quando somos humilhados e nossas dificuldades nos faz aprender quando não elevamos nosso olhar, mas entendemos onde encontramos o consolo. Já conheceu um jardim e seus habitantes? Já pesquisou sobre a vida de cada um deles? Já percebeu a diferença de um para o outro, a diferença de todas as formas, tamanhos, resistências, ações e deveres de cada um deles? Isso faz algum sentido para você? Conhecimento com sabedoria te leva a grandes reflexões. Este livro te mostrará a visão perfeita da sua humanidade na glória de Deus.

SUMÁRIO

1. Imortal para mortal..................10
2. Quando vivemos no pecado não conseguimos valorizar, amar e aceitar o que temos..................19
3. Pessoas extraordinárias que não sabem para onde vão..................26
4. O amor vs prosperidade segundo a Bíblia?..................41
5. Quem habita em um jardim? O que é um jardim?..................55
6. Qual é a sua prioridade?..................91
7. A matemática de Deus é diferente!..........103
8. Conclusão..................112

INTRODUÇÃO

Jardim Da Adoração nasceu de uma experiência de uma montagem de um jardim onde a autora viveu uma experiência incrível com o Criador. Na montagem do seu jardim passou por algumas situações estranhas de se explicar, de lutas e dificuldades, um jardim tão pequeno, mas com uma grande história. Em um belo dia, em uma loja, tinha alguns últimos rolos de grama disponíveis para venda. A autora então sente uma vontade de comprar aqueles rolos de grama, mas sem saber. Segue aquela vontade estranhamente. A funcionária da loja tentou proibi-la de comprar, mas mostrando para a funcionária a nota e que já tinha pago aquelas gramas que estavam no carrinho, estranhamente a funcionária começou a ser ríspida, grossa e vendo que não tinha como proibi-la de levar as gramas, a funcionária a tratou com muita grosseria proibindo-a de comprar outras mercadorias dentro da loja, podendo levar apenas o que já estava pago. Com muita fúria em seu coração, a funcionária sai andando. Após o ocorrido dentro da loja, a autora saiu com uma vergonha, uma sensação de humilhação por nada, sem motivo. Naquele mesmo dia, chegando, seu marido, que também entendeu a situação do que tinha ocorrido. A vida continuou, mas a autora com muita tristeza foi para o fundo de sua casa e chorava muito. Seu marido foi até ela e a abraçou, dizendo que a amava enquanto as gramas estavam enroladas na garagem e a autora não sabia ainda o que fazer com elas. Passaram alguns dias e a mesma teve a ideia de usar aquelas gramas e montar um jardim. Enquanto ela montava o jardim, em um dos momentos em que ela queria umas cadeiras de jardim, mas decidiu esperar porque estava gastando bastante, no dia seguinte, ela colocando o lixo de sua casa fora, passa um homem e dá para ela os assentos. Ela ficou impressionada com a situação e muito feliz porque eram bancos muito chiques. Ela lembrou do dia anterior e agradeceu a Deus. Ela viu que Deus tinha mandado para ela esse presente de uma forma muito diferente. Após toda a montagem do jardim, ela sentou e quando foi contemplar o jardim, ela começou a ouvir uma voz que falava com ela: "Este jardim vai ser um lugar de encontro comigo, um lugar de adoração". Ela entendeu que estava ouvindo a voz de Deus e começou a ver situações e ouvir aquela voz que falava. As pessoas estão vivendo em quartos escuros de grandes castelos, deixaram a glória de Deus para murmurar nos muros dos castelos e esqueceram a grandeza de Deus, o jardim que Deus criou para todo aquele que crer em mim. E uma voz em sua mente falava: "Escreva o livro Jardim da Adoração". Por uma coincidência estranha, no mesmo dia, a autora foi assistir aula da faculdade de teologia e, por incrível coincidência, o tema da aula era Jardim do Éden. A partir daí, a autora do livro, aceitando a realidade, começou a entender a grandiosidade de Deus e a matemática de Deus. O livro vai mostrar a perfeição da vida de entender sua humanidade e conhecer a glória de Deus e, com toda essa experiência, você vai conhecer, entender e realizar o propósito que Deus criou para você.

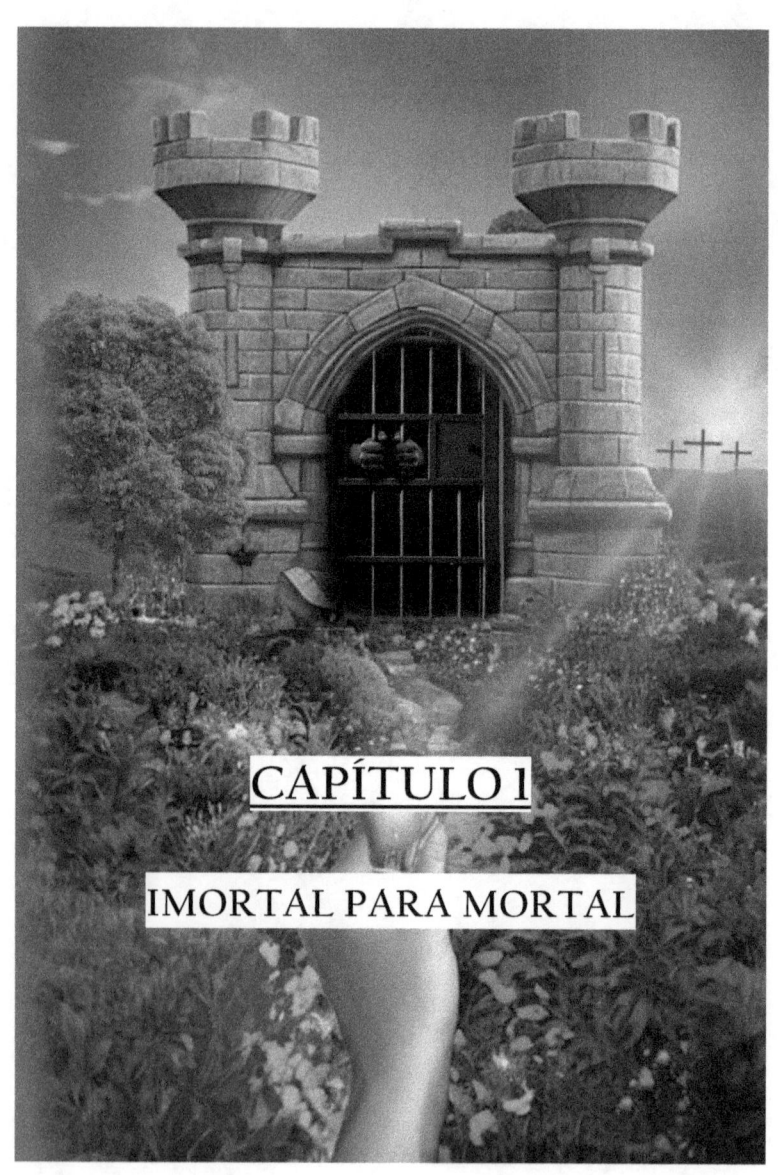

CAPÍTULO 1

IMORTAL PARA MORTAL

CAPÍTULO 1

IMORTAL PARA MORTAL

No início era o Verbo, e o Verbo era Deus. João 1:1-18: "No princípio era o Verbo, e o Verbo estava com Deus, e o Verbo era Deus. Ele estava no princípio com Deus. Todas as coisas foram feitas por intermédio dele, e, sem ele, nada do que foi feito se fez. A vida estava nele e a vida era a luz dos homens. A luz resplandece nas trevas, e as trevas não prevaleceram contra ela."

Deus, depois de criar todas as coisas, criou o homem e a mulher e lhes deu um lar para habitar - o jardim - um lugar lindo de paz, tranquilidade e encontro com Deus. Passamos nossa vida caminhando com ele, contando nossas dores e problemas, e não paramos no nosso lar, o jardim que Deus nos deu para ter momentos de qualidade de tempo com ele, encontrando face a face em sua presença, conversando como bons amigos, com intimidade e desfrutando de bons momentos. No princípio, quando Deus criou o homem à sua imagem e semelhança, proporcionou tudo o que tinha de melhor para presentear aquele casal, para terem uma vida plena e uma vida como deveria ser para nós em toda a eternidade. Mas o homem, a partir do pecado, quebrou a aliança que tinha com Deus, escondendo de Deus o que tinham feito. E, sabendo de seu erro, continuou tentando driblar Deus por seus próprios entendimentos, perdendo a aliança de fidelidade e confiança e deixando a presença de Deus.

Você já parou para pensar na importância de um jardim? Um lugar onde encontramos a perfeição divina materializada para nossos olhos. Um jardim é o equilíbrio perfeito da essência de nossa humanidade. Mas o homem deixou o jardim para viver caminhando, vagando por esse mundo sem um lar, sem tempo de parar, sem qualidade de tempo e sem vida. Trocaram a perfeição pelo pecado, deixaram a confiança e o descanso por incertezas, vivendo vagando por aí. E em meio a todo esse caos, quando seus desesperos e suas convicções te frustram, escolhem caminhar com Deus, mas da forma mais pesada que poderiam escolher. Escolhem Deus como uma opção de solução e não como seu melhor amigo. Quando trabalhamos com opções, vivemos em constante análises críticas baseadas em nosso próprio entendimento humano, nos deixando à mercê de situações que tiram nossa paz. A presença dele, para nós que agora vivemos em constante conflitos incertos.

O pecado entrou na humanidade quando Adão e Eva estavam no jardim, um ambiente perfeito. Deus deu tudo para eles e uma única ordem para que eles não comessem o fruto. A serpente apareceu usando várias alternativas e mostrando que ela poderia levar a humanidade para longe de Deus. Eles tocaram e comeram o que não deveriam, e o pecado entrou na humanidade, desconectando o homem eternamente de Deus, tornando o homem que antes era imortal em mortal, antes saudável em propenso a doenças. Antes, nada era corrompido e, depois do fruto, tudo se corrompeu, trazendo consequências e maldições para a terra, mas que tiveram início no céu, com um anjo que se encheu de orgulho. O orgulho leva a pessoa para um lugar onde ela não está. O homem menosprezou o talento, os dons, o prestígio e tudo aquilo que Deus tinha dado para ele e começou a desejar o que não tinha.

Quando vivemos no pecado, não conseguimos valorizar, amar e aceitar o que temos, vivemos sempre frustrados, buscando sempre uma ilusão. O pecado te faz ignorar e o orgulho te cega. Hoje, como coerdeiros de Cristo, a serpente (pecado) ainda hoje sonda nossos corações e tenta nos tirar do foco. Deus sempre vinha para conversar com o homem, olhando com amor e gratidão, mas o pecado feriu seus filhos, que são sua imagem e semelhança.

Depois do ocorrido no jardim, muitos homens de Deus desejaram ver a glória Dele face a face. Um deles foi Moisés, que pediu a Deus, mas foi avisado que era impossível, pois o pecado afastou o homem de Deus. Não foi Deus que se afastou, mas o homem pecou e se afastou de Deus, gerando um abismo entre o homem e Deus. O cuidado de Deus em todos os detalhes, mesmo nas limitações entre o homem e Deus, zelou e cobriu a nudez do homem. Deus é luz e o homem do plano original era luz. Por onde passavam, as criaturas viam que eles eram luz. Tendo a luz, isso os deixava puros, pois a luz não deixava perceberem que estavam nus, e quando a luz apaga por causa do pecado, enxergam suas limitações. Apesar de tudo que aconteceu, Deus diz que somos a luz do mundo. Deus vem e cancela toda maldição através do Espírito Santo, acendendo essa luz em nós novamente. Então, Deus começa a cuidar de nós para restaurar tudo que Ele nos deu. No deserto, os homens preferiram o lugar de onde Deus os tirou, e lá mostrou que as serpentes começaram a picá-los, e muitas pessoas morreram por não reconhecerem o que Deus deu. Houve semelhança entre o jardim e o deserto. Deus odeia e abomina a reclamação, isso é um reflexo do que está no coração. No deserto, a imagem levantada em ouro para que todos aqueles que fossem picados olhassem para ela e não morressem. Podemos observar e refletir que precisamos enxergar aquilo que pode nos matar. Quando Jesus veio nos salvar, Ele se fez carne e veio à terra para nos mostrar a salvação. Quando você enxerga quem você é e o que o pecado faz, consegue enxergar a salvação, tornando-se sábio para viver em paz e tranquilidade, sabendo que tudo está no controle de Deus. Então, você encontra seu lugar. Nossos olhos são a luz do corpo e um corpo no escuro se torna perdido. Descanse no lugar onde você está.

O pecado entrou na humanidade quando Adão e Eva estavam no jardim, um ambiente perfeito. Deus deu tudo para eles e uma única ordem para que eles não comessem o fruto. Mas a serpente apareceu usando várias alternativas e mostrando que ela poderia levar a humanidade para longe de Deus. Eles tocaram e comeram o que não deveriam, e o pecado entrou na humanidade e desconectou o homem eternamente de Deus, tornando o homem que antes era imortal em mortal, antes saudável em propenso a doenças. Antes, nada era corrompido e depois do fruto, tudo se corrompeu, trazendo consequências e maldições que seguiram para a terra, mas que tiveram início no céu, com um anjo que se encheu de orgulho. O orgulho leva a pessoa para um lugar onde ela não está. Esse anjo levou 1/3 dos anjos do céu, e ele estava usando a serpente no jardim, usando argumentos para que Adão e Eva duvidassem daquilo que Deus tinha falado. O pecado tenta nos fazer duvidar dos princípios e da essência que Deus colocou em nós. O pecado entra para o ser humano questionar o que Deus criou e, até hoje, o pecado faz isso em nossa vida quando deixamos de ouvir Deus. Lúcifer menosprezou o talento, os dons, o prestígio e tudo aquilo que Deus tinha dado para ele e começou a olhar para tudo que ele não tinha.

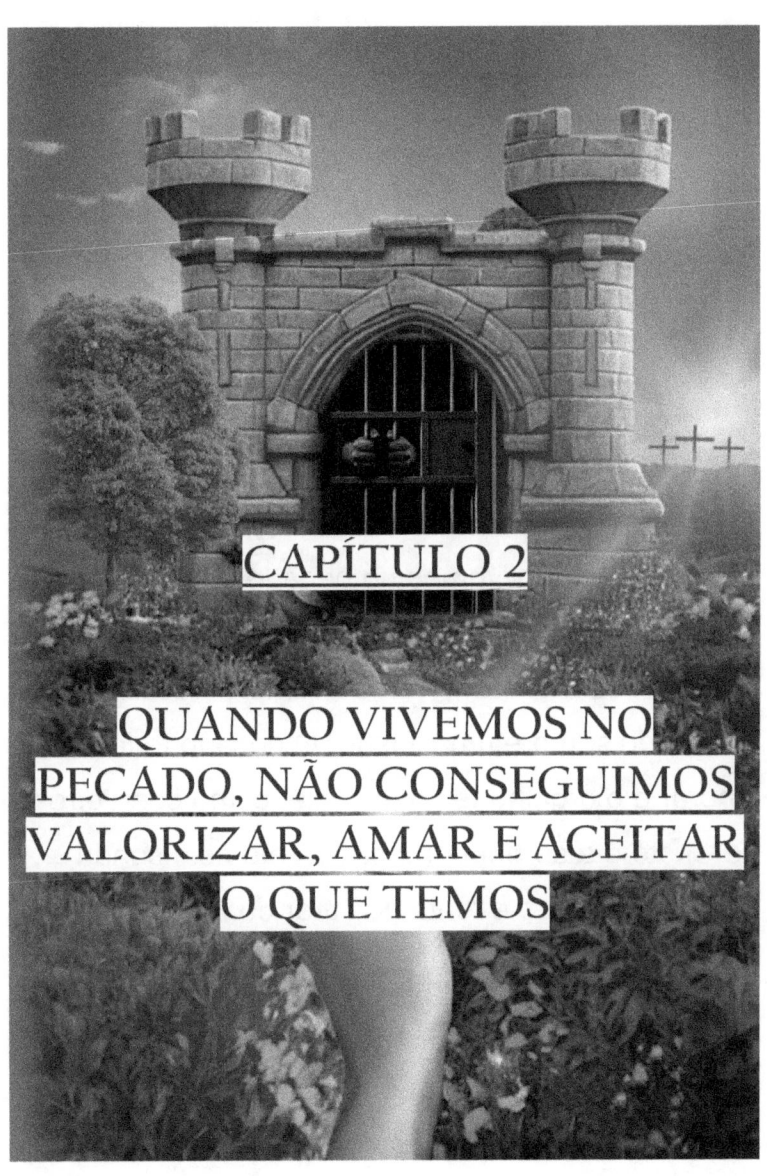

CAPÍTULO 2

QUANDO VIVEMOS NO PECADO, NÃO CONSEGUIMOS VALORIZAR, AMAR E ACEITAR O QUE TEMOS

CAPÍTULO 2

QUANDO VIVEMOS NO PECADO, NÃO CONSEGUIMOS VALORIZAR, AMAR E ACEITAR O QUE TEMOS.

Quando vivemos no pecado, não conseguimos valorizar, amar e aceitar o que temos, vivemos sempre frustrados, buscando sempre uma ilusão. O pecado te faz ignorar e o orgulho te cega. Hoje, como coerdeiros de Cristo e a serpente (pecado), até hoje sonda nossos corações e tenta nos tirar do foco.

Mas você pode através do espírito santo ter a fé necessária para você descansar o coração e valorizar o que maior valor você pode alcançar presença do criador encontrar novamente seu lugar no jardim e ter novamente um relacionamento com ele ter o seu jardim da adoração onde você vai preparar todo ambiente para o seu convidado o convidado mais ilustre e grandioso que você poderia receber em seu lar. Quando falamos em jardim podemos observar um lugar aberto iluminado aberto a relações de diferentes serem vivos, quando descrevemos um jardim podemos ver que no jardim existe o brilho do sol e pequenas sombras de plantas e animais que ali vivem podemos observar que é um lugar repleto de vidas que vivem em paz e em liberdade. Em tempos atuais onde o jardim ficou vulnerável sem presença de Deus quando você recebe alguém no jardim ou em algum parque fazendo alguma festa ou evento você pode observar que ele e aberto e você consegue ter uma visão geral de todo ambiente e nesse ambiente lindo e super agradável também está vulnerável a situações climáticas situações de vulnerabilidade mesmo em tamanha paz se você não está ligado na confiança e presença do criador você vai ter que se esconder em uma caverna ou construir casas palácios cercados porque sua confiança e paz estão fragilizados e sua liberdade comprometida. Faça seu jardim sua morada fazer um lugar de descanso e de encontros com Deus, tempo de qualidade com o criador te faz viver melhor. Saia dos palácios das lamentações, cercados de estratégias de autodefesa, tentando sempre descobrir o que seu inimigo está tramando e te deixando atemorizado porque o pecado que entrou no jardim no princípio da humanidade assombra nossos jardins até hoje. Tenha seu jardim da adoração. Saia do palácio das lamentações das prisões de sua alma que você mesmo escolheu.

CAPACIDADE

Um dia eu ouvi a seguinte frase – "QUALQUER UM PODE ESCREVER UM LIVRO". Qualquer um pode fazer um jardim, plantar, cultivar, cuidar, aprender, vivenciar e amar aquela construção. Sim, todos podem fazer um jardim, todos podem desenvolver seus talentos, multiplicá-los e, com esses talentos, transformar vidas. Sim, todos podem, mas passar por etapas e dentro dessas etapas inclui superar o fracasso e a dor e aprender a se humilhar. O versículo 23 do capítulo 29 do livro de Provérbios diz: "O orgulho do homem o humilha, mas o de espírito humilde obtém honra".

Quando passamos por etapas e conseguimos administrar a humildade dentro dos padrões amor e não humildade sob soberba, onde eu mostro que sou coitado para obter benefício em cima do que de ruim acontece comigo. Ser humilde é mesmo fazendo seu melhor sem ter reconhecimento, ser humilde é continuar mesmo que esteja doendo o processo, ser humilde é não esperar recompensa e padrões desta terra, mas sim de Deus que cuida e vê todas as coisas. Ser humilde é buscar curar a dor da falta de amor, o amor que Cristo nos ensinou. E qual foi esse amor? - "Um novo mandamento dou a vocês: Amem-se uns aos outros. Como eu os amei, vocês devem amar-se uns aos outros." João 13:34

Cristo nos amou em todos os detalhes de sua história. Para uns, ele falava com firmeza, para outros, ele falava com mansidão. Para cada situação que Jesus passou, ele foi justo e sensível, justo porque quando começamos nossa avaliação tendo falta de justiça, mesmo que sem perceber, isso gera uma falta de entendimento gerando conflito e o conflito gera uma falta de amor momentânea, levando peso para o coração. Mas, quando buscamos aprender de Cristo e vivenciar sua vida e sua história de perfeição, você entende que em todas as situações ele foi sábio e aqueles que ouviram foram salvos por Cristo. Quando andamos por nossos próprios entendimentos, temos um desfalque muito grande, vamos sempre viver correndo atrás de algo que não é concreto e sim de ilusões geradas pelo mundo.

Provérbios 3:5-12

>5-Confie no Senhor de todo o seu coração e não se apoie em seu próprio entendimento;
>6-Reconheça o Senhor em todos os seus caminhos, e ele endireitará as suas veredas.
>7-Não seja sábio aos seus próprios olhos; tema o Senhor e evite o mal.
>8-Isso dará a você saúde ao corpo e vigor aos ossos.
>9-Honre o Senhor com todos os seus recursos e com os primeiros frutos de todas as suas plantações;
>10-Os seus celeiros ficarão plenamente cheios, e os seus barris transbordarão de vinho.
>11-Meu filho, não despreze a disciplina do Senhor nem se magoe com a sua repreensão,
>12-Pois o Senhor disciplina a quem ama, assim como o pai faz ao filho de quem deseja o bem.

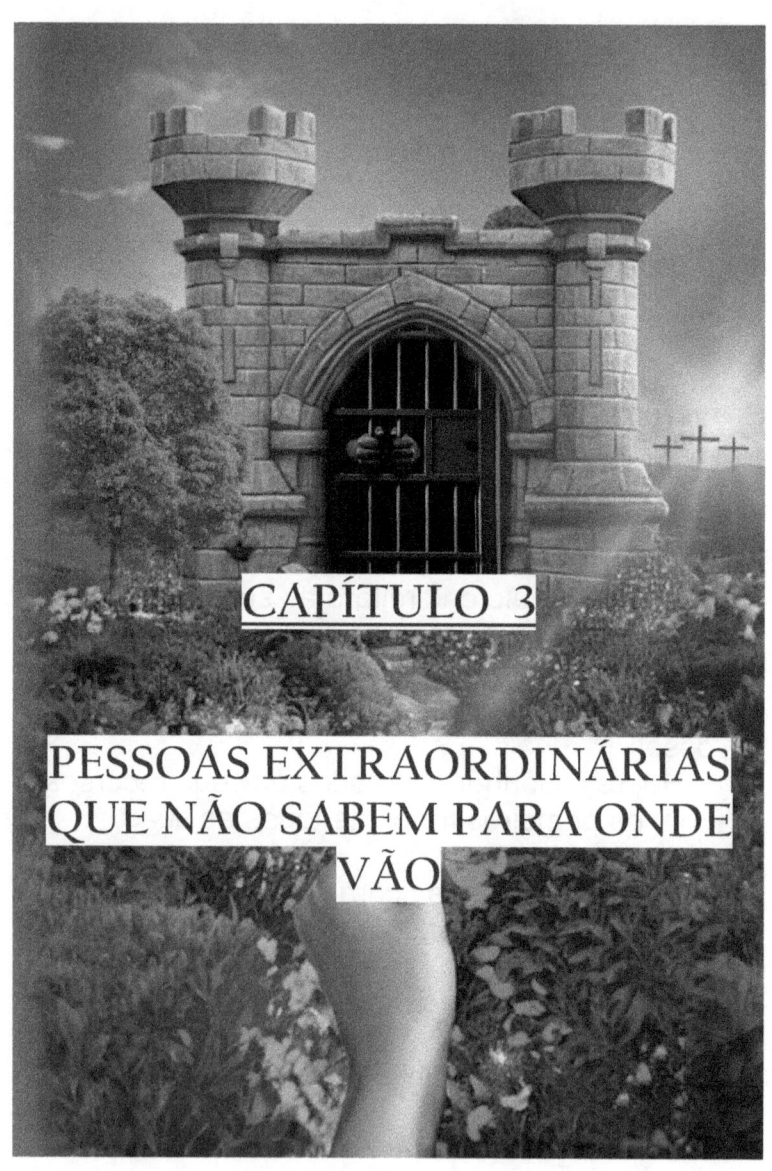

CAPÍTULO 3

PESSOAS EXTRAORDINÁRIAS QUE NÃO SABEM PARA ONDE VÃO

CAPÍTULO 3

PESSOAS EXTRAORDINÁRIAS QUE NÃO SABEM PARA ONDE VÃO

Podemos observar nessa passagem bíblica onde vemos pessoas extraordinárias que não sabem para onde vão, por não ouvir a Deus e sim os padrões impostos pela sociedade, padrões de sucesso, padrões de conquistas, padrões que foram impostos para que você cada vez mais corra atrás e nunca se sinta amado, valorizado, em paz e tranquilo, padrões que sugam nossas energias e nos fazem permanecer no mesmo lugar. E quando olhamos para Cristo, ele faz do pouco o muito, ele te inspira a ser sua melhor versão e você se sente amado bem onde você estiver. Para os padrões impostos por aqueles que não vivem os ensinamentos de Cristo, para amar como ele nos amou, eles vão pedir, cobrar cada vez mais e mais e não vão te ajudar, vão apenas apontar o dedo no seu erro. Eles esqueceram que Cristo ensinou sobre os talentos.

- 1 Coríntios 13:2 - O dom sem amor não vale nada.
- Tiago 1:17 - Todo dom vem de Deus.
- 1 Crônicas 25:6 - Os talentos devem ser usados para louvar a Deus.
- 1 Pedro 4:10 - Cada um deve administrar o seu dom para servir aos outros.
- 1 Samuel 18:5 - Deus abençoa quem usa o seu talento com fidelidade.
- Êxodo 36:2 - Deus capacita os que têm talento para a sua obra.
- 1 Timóteo 4:14 - Não devemos desprezar o dom que recebemos.

- Mateus 25:14-30 - Devemos multiplicar os talentos que Deus nos confiou, e não enterrá-los.

Dentro dos padrões perfeitos de Cristo, devemos seguir o que realmente dá certo para nossa vida, porque dentro desses padrões conseguimos nos sentirmos realizados, desenvolvê-los e continuar amando para que outros desenvolvam aquilo que Deus deu.

Uma pessoa pode ter um talento natural para música, pintura, esportes, comunicação, empatia, entre outros. Talentos profissionais são aquelas habilidades ou aptidões que uma pessoa desenvolveu no ambiente de trabalho ou acadêmico e que lhe permitem se destacar em sua área de trabalho ou estudos. Esses talentos podem estar relacionados a conhecimentos técnicos, habilidades sociais, liderança, resolução de problemas, entre outros. Um engenheiro pode ter um talento profissional para design de estrutura, um advogado para a argumentação jurídica, um chef para a criação de novas receitas, entre outros.

- **Talentos artísticos**: habilidades em áreas como pintura, desenho, escultura, fotografia ou design gráfico.
- **Talentos musicais**: habilidades para tocar instrumentos, cantar, compor ou reger música.
- **Talentos literários**: habilidades para escrever poesia, romances, ensaios ou roteiros de cinema e teatro.
- **Talentos esportivos**: habilidades físicas que lhes permitem se destacar em esportes como futebol, basquete, natação, atletismo, entre outros.
- **Talentos intelectuais**: habilidades para resolver problemas complexos, pensar logicamente e analiticamente, ou aprender rapidamente.

- **Talentos de comunicação**: habilidades para falar em público, persuadir, negociar ou estabelecer relações interpessoais eficazes.
- **Talentos matemáticos**: habilidades para compreender e resolver problemas matemáticos, trabalhar com números e realizar cálculos.
- **Talentos científicos**: habilidades para compreender e aplicar conceitos científicos, realizar pesquisa e experimentos.
- **Talentos organizacionais**: habilidades para planejar, coordenar e gerenciar projetos ou eventos de forma eficiente.
- **Talentos culinários**: habilidades para cozinhar, criar receitas inovadoras e apresentar pratos atraentes.
- **Talentos técnicos**: habilidades para entender e usar tecnologias, programar, projetar aplicativos ou resolver problemas técnicos.

- **Talentos linguísticos**: habilidades para aprender e dominar rapidamente diferentes idiomas ou traduzir e interpretar textos e discursos.
- **Talentos de liderança**: habilidades para orientar, motivar e inspirar outras pessoas, tomar decisões e assumir responsabilidades.
- **Talentos de empatia**: habilidades para compreender e se conectar emocionalmente com os outros, fornecer apoio e ajudar os outros.

Podemos observar todos os tipos de talentos, mas quando não identificamos aquilo que nos realiza dentro dos padrões que Cristo nos ensinou, vivemos vagando, correndo atrás, querendo fazer tudo e, como não conseguimos fazer tudo, tudo que temos vira uma bagunça. Corremos, corremos sem saber para onde ir, pegamos um conselho ali, outro lá, e cada pessoa vai dar sua opinião, ideia, direcionamento, e geralmente pautadas nos padrões do mundo. E a pessoa extraordinária vai se perder em seus próprios caminhos e entendimentos. Pode sim ouvir de tudo e reter o que é bom, na multidão de conselhos encontra-se a sabedoria, sim, está correto, mas a partir do momento que a essência, o principal, não está pautado em sua vida, aí se torna perigoso porque o homem tem seu limite emocional e não foi feito para ser cobrado sem parar, exigido sem parar. O homem foi feito para viver no jardim, em paz, curtindo e adorando as maravilhas de Deus, e isso traz paz e satisfação. Podemos ver grandes médicos, artistas globais, dentre outras pessoas que desanimaram na vida, pararam sua caminhada por não aguentar a pressão do sempre mais, do sempre mais. As pessoas se matam pela falta de amor no estado que elas se encontram, porque fazem, fazem e chega o momento de estafa mental, chega o momento que a pessoa é pisoteada no meio da multidão tentando ir para algum lugar que nem ela sabe para onde. E podemos dar exemplo também dos opostos, pessoas que não desenvolvem seus talentos e não fazem por serem orgulhosas o suficiente para não passar pelas humilhações e as dificuldades do processo. E se torna uma guerra, uns querem agradar cada vez mais e outros querem cobrar cada vez mais.

Podemos observar no livro de Salmos 1:

¹ Bem-aventurado o homem que não anda segundo o conselho dos ímpios, nem se detém no caminho dos pecadores, nem se assenta na roda dos escarnecedores. ² Antes tem o seu prazer na lei do Senhor, e na sua lei medita de dia e de noite. ³ Pois será como a árvore plantada junto a ribeiros de águas, a qual dá o seu fruto no seu tempo; as suas folhas não cairão, e tudo quanto fizer prosperará. ⁴ Não são assim os ímpios; mas são como a moinha que o vento espalha. ⁵ Por isso os ímpios não subsistirão no juízo, nem os pecadores na

congregação dos justos. ⁶ Porque o Senhor conhece o caminho dos justos; porém o caminho dos ímpios perecerá.

Podemos observar duas coisas entre esses dois opostos, isso que nem falamos do morno, o politicamente correto, que oscila de um lado ao outro tentando se enquadrar em todos os padrões. Mas podemos observar que em todas as situações, se a base não estiver firmada no princípio "ame uns aos outros como Cristo amou", vá e dê frutos e seja justo, tudo terminará em ruínas. Podemos confirmar isso no versículo: **1 Coríntios 13**

1-Ainda que eu fale as línguas dos homens e dos anjos, se não tiver amor, serei como o sino que ressoa ou como o prato que retine.

2-Ainda que eu tenha o dom de profecia, saiba todos os mistérios e todo o conhecimento e tenha uma fé capaz de mover montanhas, se não tiver amor, nada serei.

3-Ainda que eu dê aos pobres tudo o que possuo e entregue o meu corpo para ser queimado, se não tiver amor, nada disso me valerá.

4-O amor é paciente, o amor é bondoso. Não inveja, não se vangloria, não se orgulha.

5-Não maltrata, não procura seus interesses, não se ira facilmente, não guarda rancor.

6-O amor não se alegra com a injustiça, mas se alegra com a verdade.

7-Tudo sofre, tudo crê, tudo espera, tudo suporta.
8-O amor nunca perece; mas as profecias desaparecerão, as línguas cessarão, o conhecimento passará.

9-Pois em parte conhecemos e em parte profetizamos;

10-Quando, porém, vier o que é perfeito, o que é imperfeito desaparecerá.

11-Quando eu era menino, falava como menino, pensava como menino e raciocinava como menino. Quando me tornei homem, deixei para trás as coisas de menino.

12-Agora, pois, vemos apenas um reflexo obscuro, como em espelho; mas, então, veremos face a face. Agora conheço em parte; então, conhecerei plenamente, da mesma forma com que sou plenamente conhecido.
13-Assim, permanecem agora estes três: a fé, a esperança e o amor. O maior deles, porém, é o amor. Bíblia

Os padrões da sociedade machucam e desanimam, mas os padrões de Deus levantam o abatido, dão força para o cansado e restauram a esperança. Porque estou escrevendo esse livro para vocês mesmo que o amor se esfriar na maioria das pessoas, não seja você mais um na estatística mundial iníqua que destrói todos os dias.

Podemos observar também no versículo:

Mateus 24:12-14 (NVI)

'Por causa do aumento da iniquidade, o amor de muitos esfriará, mas aquele que perseverar até o fim será salvo. E este evangelho do reino será pregado em todo o mundo como testemunho a todas as nações; então, virá o fim.'

Você quer chegar ao fim nos padrões do mundo ou nos padrões de Deus que desenhou e formou tudo que de mais lindo existe? Tudo que de belo existe, mas o homem, por deixar o pecado entrar no jardim, perderam a face a face da glória de Deus e a partir desse momento devemos lutar diariamente para não sermos pisoteados pelas multidões que não sabem para onde vão. Milhões de talentos pisoteados, milhões de talentos queimados, jogados fora e você quer ficar em qual time? Porque para entrar no time da salvação, você precisa entender que pode ser extraordinário mesmo não tendo nada momentaneamente, mas sabe que tem alguém que acredita em você, que te tira do seu estado de fracasso mesmo sendo extremamente bem sucedido nos padrões da sociedade ou mesmo que não seja bem sucedido nos padrões da sociedade. Sucedido nos padrões da sociedade, o X da questão é que esse caminho oscila e você uma hora não vai aguentar, o ser humano quer sempre mais e mais. Deus quer que você se ame e ame o próximo, valorizando o seu melhor no amor e você se tornará realizado e, você sendo curado, também vai curar outras pessoas a sair da prisão que estão vivendo.

JESUS NÃO ENSINAVA PADRÕES, ELE ENSINAVA PRINCÍPIOS

Ele andava ensinando para que tivéssemos uma vida sólida e firme e ele usa a parábola da casa, uma que era firmada na rocha e a outra sobre a areia.

"Portanto, quem ouve estas minhas palavras e as pratica é como um homem prudente que construiu a sua casa sobre a rocha. Caiu a chuva, transbordaram os rios, sopraram os ventos e deram contra aquela casa, e ela não caiu, porque tinha seus alicerces na rocha." Mateus 7:24-25

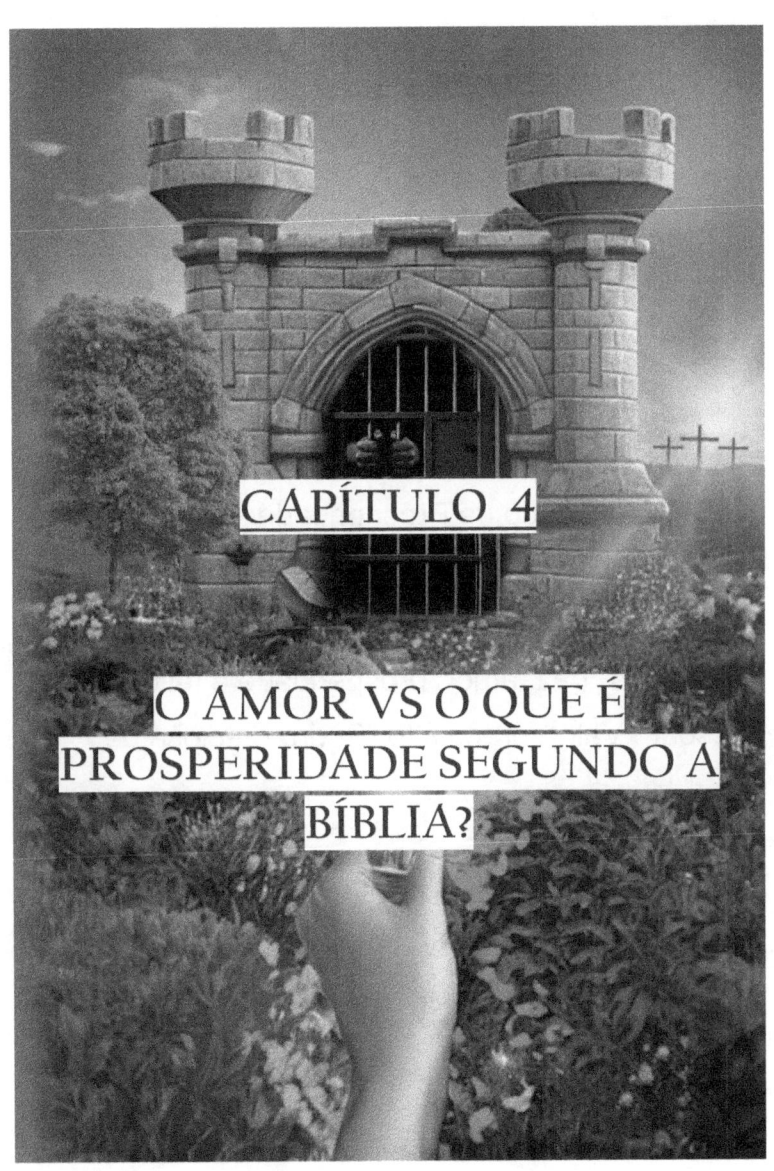

CAPÍTULO 4

O AMOR VS O QUE É PROSPERIDADE SEGUNDO A BÍBLIA?

CAPÍTULO 4

O AMOR VS O QUE É PROSPERIDADE SEGUNDO A BÍBLIA?

Significado de Prosperidade: Característica de próspero, desenvolvido, abundante, bem-sucedido, rico, propício: ele desejou aos noivos "paz, amor, prosperidade e felicidade pessoal". Valor: preço alto "Pedra preciosa de valor".

No Hebraico, a palavra mais usada para descrever prosperidade é **tsālēach**, que significa: ausência de necessidade, ter sucesso, bons resultados e abundância.

Em (Josué 1:8-9) "Não se aparte da tua boca o livro desta lei, antes medita nele dia e noite, para que tenhas cuidado de fazer conforme tudo quanto nele está escrito; porque então farás prosperar o teu caminho, e serás bem sucedido. Não te mandei eu? Esforça-te, e tem bom ânimo; não te atemorizes, nem te espantes; porque o Senhor teu Deus está contigo, por onde quer que andares".

O QUE É PROSPERIDADE SEGUNDO A BÍBLIA?

Filipenses 4:19 Meu Deus suprirá todas as vossas necessidades segundo as suas riquezas na glória em Cristo Jesus.

2 Coríntios 9:8 E Deus é poderoso para fazer abundar em vós toda a graça, a fim de que, tendo sempre, em tudo, toda a suficiência, abundeis em toda boa obra.

Jeremias 17:10 Eu, o Senhor, esquadrinho a mente, eu provo o coração; e isso para dar a cada um segundo os seus caminhos e segundo o fruto das suas ações.

O QUE É MAIS IMPORTANTE NA MINHA VIDA? POR QUE AS COISAS NÃO ANDAM EM MINHA VIDA?

Tenham cuidado com a maneira como vocês vivem; que não seja como insensatos, mas como sábios, aproveitando ao máximo cada oportunidade, porque os dias são maus.

Efésios 5:15-16 "Para tudo há uma ocasião certa; há um tempo certo para cada propósito debaixo do céu".

Eclesiastes 3:1 Acima de tudo, guarde o seu coração, pois dele depende toda a sua vida.

Provérbios 4:23 Trabalho muito e nunca sobra dinheiro.

Mateus 6:19 Não guardeis para vós tesouros na terra, onde a traça e a ferrugem destroem, e onde os ladrões arrombam e roubam.

Mateus 10:28 E não tenhais medo daqueles que matam o corpo, mas não podem matar a alma; em vez disso, temam aquele que pode destruir a alma e o corpo no inferno.

Provérbios 18:12 Antes da destruição, o coração do homem é altivo, mas a glória é precedida pela humildade.

Provérbios 10:15 A fortuna dos ricos é a sua força, a ruína dos pobres é a sua pobreza.

Mateus 24:35 O Céu e a Terra passarão, mas as Minhas palavras não passarão.

O REINO? OU MINHAS PRÓPRIAS REALIZAÇÕES?

Trabalho muito, não gasto com nada e tenho uma poupança cheia.

SOU GENEROSO

Provérbios 11:25 (NVI) diz: "O que é generoso prospera; quem dá alívio será aliviado." A generosidade é uma virtude que traz bênçãos tanto para quem a pratica quanto para aqueles que recebem. Quando damos com alegria e de coração, Deus nos recompensa e multiplica nossas dádivas. Portanto, que possamos ser generosos e espalhar bondade ao nosso redor!

MISERICORDIOSO

"Sejam mutuamente hospitaleiros, sem reclamação". 1 Pedro 4:9

"Não se esqueçam da hospitalidade; foi praticando-a que, sem o saber, alguns acolheram anjos". Hebreus 13:2

AMO MEU PRÓXIMO

Se vocês de fato obedecerem à lei do Reino encontrada na Escritura que diz: "Ame o seu próximo como a si mesmo", estarão agindo corretamente." Tiago 2:8

"O meu mandamento é este: Amem-se uns aos outros como eu os amei". João 15:12

"Sobretudo, amem-se sinceramente uns aos outros, porque o amor perdoa muitíssimos pecados". 1 Pedro 4:8

CONFIO EM DEUS- PERGUNTAS BÁSICAS

"Os que confiam no Senhor são como o monte Sião, que não se pode abalar, mas permanece para sempre". Salmos 125:1

"Confie no Senhor de todo o seu coração e não se apoie em seu próprio entendimento". Provérbios 3:5

Enquanto você corre, ama e busca as coisas deste mundo, o principal propósito para o qual você foi criado está ficando para trás. O sistema do mundo anda para cumprir o propósito do inimigo das nossas almas e caminha para o fim anticristo. Tudo que você faz fora do Reino contribui para o cumprimento do propósito do inimigo. Se você andar em Cristo, cumprirá o propósito de Cristo.

QUAL SUA ESCOLHA?

Não se amoldem ao padrão deste mundo, mas transformem-se pela renovação da sua mente, para que sejam capazes de experimentar e comprovar a boa, agradável e perfeita vontade de Deus.

Romanos 12:2

HISTORINHA

Vamos ouvir uma historinha. Duas amigas estavam conversando em um restaurante enquanto comiam. O garçom veio e ofereceu para as duas uma sobremesa, mas elas não quiseram. Uma delas falou: "Não gosto muito de sobremesa". Após o jantar, o garçom insistiu, dizendo que era de graça e que uma das duas podia levar para casa. Então, a que pegou a sobremesa deixou de lado e ainda reclamou: "Não quero, mas vou pegar". As amigas continuaram conversando. Passado algum tempo, entrou uma criança muito bem vestida no restaurante, sozinha, apontou para a sobremesa pedindo várias vezes aquela sobremesa. A moça que tinha pegado a sobremesa negou em dar para a criança, disfarçando, e após a criança sair, pediu para o garçom embalar a sobremesa para levar embora.

Moral da história: As pessoas vivem retendo aquilo que ganharam de graça, retendo até o que não querem. Como a criança estava super bem vestida, aquela situação não gerou um sentimento de dó na moça.

Passamos a vida retendo o que queremos e até o que não queremos. Ações movidas por disputa, fazer por glória, fazer para se mostrar, fazer grandes e pequenas coisas por um estilo de vida, seja religioso ou não religioso. Esquecemos que se a essência de Cristo não estiver em nós, seremos mais um na multidão, sendo apenas parecidos com aquele grupo ou a média das pessoas em nosso redor, perdendo a essência e o valor de Cristo, que naturalmente fazia o seu melhor para quem passava por seu caminho. No final da história, a criança era o filho do dono do restaurante e elas estavam sendo observadas por suas pequenas ações. E se a que pegou passasse no teste, ganharia um milhão de dólares. Mas ela reteve o que nem queria e perdeu até mesmo o que poderia querer. Pequenas coisas mostram grandes situações.

"Daí, e ser-vos-á dado; boa medida, recalcada, sacudida e transbordando vos darão; porque com a mesma medida com que medirdes também vos medirão de novo". Lucas 6:38

COMO PEDIR

Tiago 4:3, 14-16

Quando pedem, não recebem, pois pedem por motivos errados, para gastar em seus prazeres. Vocês nem sabem o que acontecerá amanhã! Que é a sua vida? Vocês são como a neblina que aparece por um pouco de tempo e depois se dissipa. Em vez disso, deveriam dizer: "Se o Senhor quiser, viveremos e faremos isto ou aquilo". Agora, porém, vocês se vangloriam das suas pretensões. Toda vanglória como essa é maligna.

VAMOS FINALIZAR COM A ÚLTIMA HISTORINHA

Uma família estava indo viajar e, em determinado ponto da viagem, passaram perto de uma loteria e lá tinha uma placa com a seguinte informação: "Prêmio máximo de 20 bilhões de dólares". Então, o pai leu a placa e disse: "Se Deus me desse esse prêmio, eu iria pagar meu dízimo, dar uma grande oferta para a igreja e também ajudar a igreja com um novo templo". Seus 3 filhos, ouvindo as palavras de seu pai, ficaram inquietos e um dos filhos falou: "Pai, você não me dá aquele brinquedo. Pai, eu sempre te peço aquele brinquedo e você nunca me dá, mesmo podendo comprar". Seu pai respondeu: "Meu filho, eu não te dei porque você deu birra e não soube pedir". O outro filho virou para o pai e falou: "Pai, e por que aquele outro brinquedo que eu queria, eu não dei birra, tirei boas notas na escola e me comportei, mas mesmo assim o senhor não me deu". E o pai respondeu para o segundo filho: "Filho, eu não te dei porque não ia fazer bem para você aquele brinquedo". O terceiro filho, o mais novo, falou assim: O mais novo virou para seu pai e disse o seguinte: "Pai, você falou todas essas coisas para meus irmãos, então eu acho que você está certo. Será que não é por isso que o senhor não ganhou seu desejo de ganhar na loteria ou ficar bem rico, ou porque o senhor deu birra ou porque isso não iria fazer bem para você? Se o papai do céu pode todas as coisas, então ele não precisa te dar milhões para você ofertar, ele pode dar diretamente para a igreja ou para as pessoas. Por que o senhor retém o pouco que você tem? Porque você daria se tivesse muito? Ou se desse, buscaria a glória para si e não para o reino de Deus?"

Após aquelas crianças falarem todas essas coisas, seu pai entendeu que ele buscava a glória para si e não para Deus, e que toda riqueza do mundo não tinha o valor que sua família tinha.

Tiago 4:17 "Portanto, pensem nisto: Quem sabe que deve fazer o bem e não o faz comete pecado".

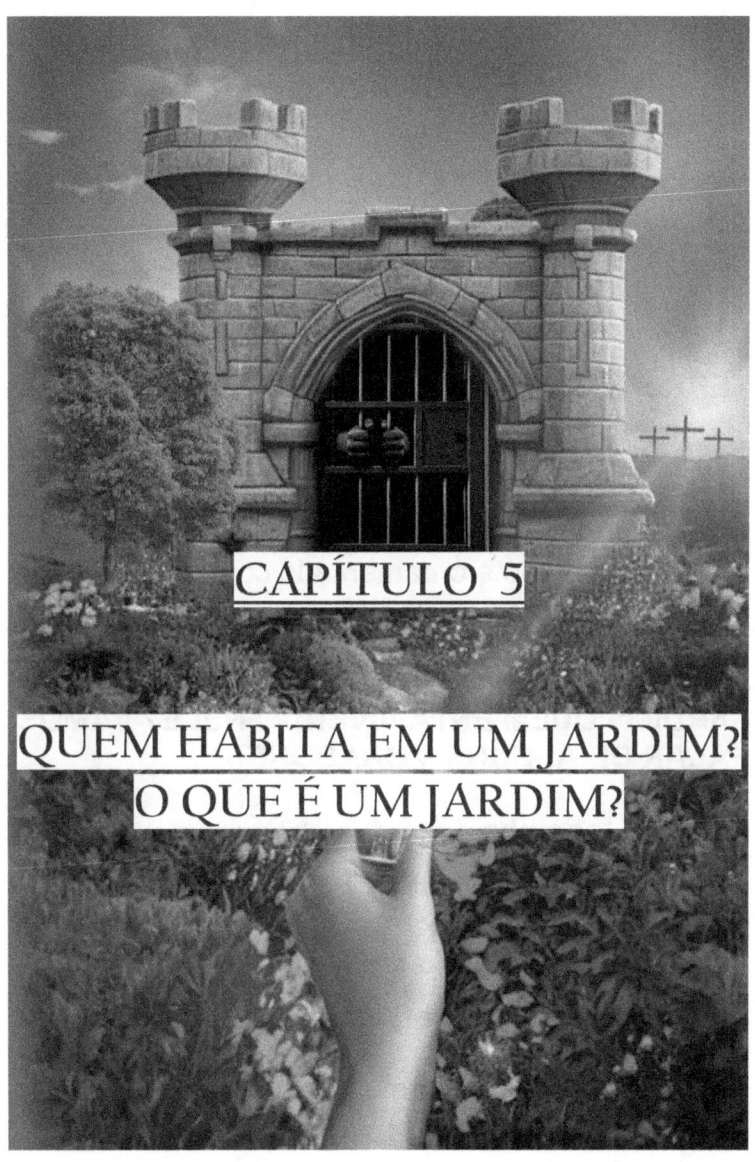

CAPÍTULO 5

QUEM HABITA EM UM JARDIM? O QUE É UM JARDIM?

CAPÍTULO 5

QUEM HABITA EM UM JARDIM? O QUE É UM JARDIM?

TERRENO AJARDINADO

Terreno ajardinado segundo um traçado regular e simétrico, com predominância de linhas retas, geralmente plano e ornamentado com canteiros, lagos, etc.

JARDIM - QUEM ESTÁ VIVENDO NELE? VAMOS FALAR DE ALGUNS MORADORES:

- **A Joaninha**
- **O Caracol**
- **A Borboleta**
- **A Formiguinha**
- **A Abelha**
- **As Aves que honram o Jardim**

Todos os homens gostam de ter um jardim em casa.

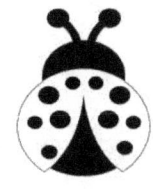

AS JOANINHAS

As joaninhas são insetos pequenos e coloridos, muito admirados por sua beleza e, em muitas culturas, símbolos de boa sorte e fartura. Esses simpáticos insetos pertencem à ordem Coleóptera, assim como os besouros, e à família Coccinellidae, para a qual já foram descritas mais de 5.000 espécies.

A joaninha apresenta antenas, olhos e asas bastante finas e leves, que podem bater até 85 vezes por segundo. Ela nasce preta, mas sua coloração adulta e as bolinhas pretas podem variar. Embora a vermelha seja a mais conhecida, existem cerca de 5 mil espécies de joaninhas diferentes.

QUAL É A CURIOSIDADE SOBRE A JOANINHA?

As joaninhas são extremamente importantes no controle biológico de pragas, já que tanto as larvas como os adultos são predadores vorazes de afídeos. As cores brilhantes destes insetos desencorajam o ataque por parte dos predadores.

RESUMO SOBRE AS JOANINHAS:

- Podem apresentar diferentes cores.
- Suas cores ajudam a afastar predadores.
- Fingem-se de mortas ao se sentirem ameaçadas.
- Podem se alimentar de pragas agrícolas, sendo utilizadas no controle biológico desses animais.

COMO A JOANINHA SE RELACIONA COM O SER HUMANO?

Amigas da agricultura, elas fazem parte de planos pedagógicos e até de ações governamentais para o meio ambiente. A beleza e a fofura não são as únicas qualidades da joaninha. Esse inseto pequenininho é muito eficiente no equilíbrio natural contra as pragas que afetam áreas verdes e plantações.

O QUE APRENDEMOS COM A JOANINHA?

A joaninha quer muito aprender a voar, por isso, fica o dia inteiro praticando. Mas ela vive tropeçando, escorregando e se desequilibrando.

Acima, aprendemos características e informações básicas da joaninha. Agora vamos colocá-la no jardim. Quando a colocamos no jardim, ela faz o propósito da sua existência, que é de proteção. Imagine um ser tão pequeninho podendo evitar grandes destruições. A joaninha fica em constante dificuldade entre fazer seu propósito e querer sua vontade. Ela não pode voar, mas pode pular alto. Ela é tão pequena a nossos olhos e tão grande em importância. Ela é tão linda e tão frágil, está ali cumprindo o seu propósito.

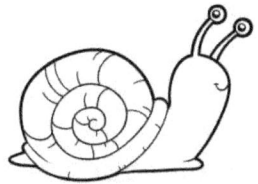

OS CARACÓIS

Caracóis são moluscos gastrópodes terrestres de concha espiralada calcária, pertencentes à subordem Stylommatophora, que também inclui as lesmas. São animais com ampla distribuição ambiental e geográfica. Respiram através de um poro respiratório.

Quais são as curiosidades do caracol?

A concha do caracol pode ser uma casa, pois ele consegue, de fato, se esconder dentro dela quando está com medo. Mas não é só isso: sob a concha, fica o corpo todo deste bichinho invertebrado. E alguns órgãos são bem parecidos com os nossos.

Por exemplo, eles também têm coração, pulmão, fígado, rim.

Qual é a função do caracol?

Mesmo sendo um transtorno fora de casa, os caramujos africanos, assim como demais caramujos e caracóis, têm função importante no meio ambiente: eles são detritívoros, animais que se alimentam de restos de outros animais e plantas.

Quantos metros anda um caracol na vida?

Até 9 metros. Durante uma vida, ele só anda mais ou menos 9 metros. O caracol, em toda sua vida, caminha 9 metros. Você consegue observar que não é a quantidade e sim a qualidade. O jardim se torna perfeito pela capacidade de perfeição em cada propósito. Ele é tão pequeno e alcança apenas aquele espaço em toda sua vida. O caracol desempenha papéis fundamentais em sua existência, tornando-se um cumpridor de seu propósito.

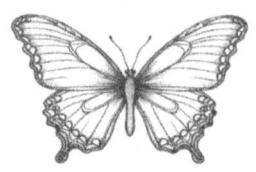

AS BORBOLETA

As borboletas, panapanás ou panapanãs, são insetos da ordem Lepidoptera classificados nas superfamílias Hesperioidea e Papilionoidea, que constituem o grupo informal "Rhopalocera". Como outros insetos de holometabolismo, seu ciclo de vida consiste em quatro fases: ovo, larva, pupa e imago.

QUAL É A FUNÇÃO DAS BORBOLETAS?

As borboletas são importantes polinizadoras e alimentam-se de líquidos variados. O corpo da borboleta é muito leve, as asas são muito largas, mas, mesmo assim, ela acaba conseguindo pousar na flor aberta, de onde suga o néctar adocicado.

COMO É A VIDA DAS BORBOLETAS?

A vida da borboleta é curta. Em média, elas vivem entre 2 e 4 semanas após sair de seu casulo. Pode parecer pouco, mas é o suficiente! Elas experimentam flores com seus pés, se alimentam, copulam, procriam e morrem pacificamente. É tanto tempo que há uma espécie de mariposa que nem precisa de tudo isso.

QUAL É A FORÇA DA BORBOLETA?

Os entomólogos explicam: "A força que a borboleta faz para romper o casulo, o bater do seu coração e a força do seu sangue, é o que inunda de sangue as suas asas e as faz expandir. Se evitar esse esforço, a borboleta nunca expande as suas asas e nunca pode voar."

QUAIS SÃO OS PODERES DA BORBOLETA?

A borboleta representa a magia e a eterna autotransformação do Ser, a renovação, o processo de morte e renascimento que marca a nossa jornada.

QUAL É A MISSÃO DAS BORBOLETAS?

As borboletas têm grande importância para o meio ambiente. Além da beleza, são polinizadoras de plantas e servem de alimento para outros animais como pássaros, aranhas, lagartos, entre outros.

Já estamos no terceiro de nossa lista e podemos observar algo muito peculiar entre eles. Todos têm uma vida completamente diferente, com propósitos diferentes e semelhantes e com tempos diferentes. Os dias são contados para todos eles e o que move sua existência é encontrar seu lugar no jardim. Eles vivem por um motivo e são felizes por esse motivo, porque através desse motivo eles vivem e através de sua vida eles geram vidas.

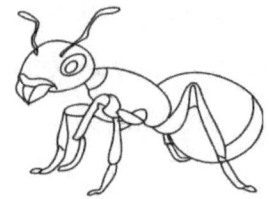

AS FORMIGAS

As formigas são insetos eussociais da família Formicidae e, junto com as vespas e abelhas relacionadas, pertencem à ordem Hymenoptera. As formigas evoluíram de ancestrais das vespas vespóides no período Cretáceo. Mais de 13.800 de um total estimado de 22 mil espécies foram descritas.

QUAL É A CURIOSIDADE DAS FORMIGAS?

As formigas são extremamente fortes. Elas têm a capacidade de transportar entre 10 e 50 vezes seu próprio peso corporal! A quantidade que uma formiga pode transportar depende da espécie. Uma espécie asiática de formiga pode levantar até 100 vezes a sua própria massa!

QUAIS SÃO AS CARACTERÍSTICAS DE UMA FORMIGA?

Anatomicamente, as formigas apresentam três pares de pernas, um par de olhos compostos, um par de antenas e um par de mandíbulas. O par de mandíbulas compõe o seu aparelho bucal mastigador, essencial para os seus hábitos de vida. Quanto à alimentação, pode-se dizer que varia conforme a espécie.

QUAL É A FUNÇÃO DE UMA FORMIGA?

Sendo assim, esses insetos ajudam na reprodução de diversas espécies vegetais – seja na natureza, seja nas cidades. Além disso, elas fazem um bem danado para a terra, pois a escavação de seus ninhos aumenta a concentração de nutrientes e água no solo. Por fim, as formigas são um petisco saboroso para muitos animais.

QUANTAS HORAS DORME UMA FORMIGA?

Muito legal, né? Já as operárias dormem muito mais vezes durante o dia, mas cada episódio de sono dura menos. Elas dormem cerca de 253 vezes por dia, com duração média de 66 segundos por episódio. Somando tudo, as operárias dormem aproximadamente 4 horas e 48 minutos por dia.

COMO AS FORMIGAS ENXERGAM OS HUMANOS?

Você sabe como as formigas enxergam? Formigas são míopes, como nos lembra Latour (2012). Porém, mais do que isso, elas apresentam um sistema complexo de percepção do ambiente e, visualmente, enxergam por olhos compostos.

POR QUE É QUE AS FORMIGAS ANDAM EM FILA?

As formigas se locomovem em espécie de 'fila indiana', caracterizada por colocar um indivíduo atrás do outro, para evitar que se percam umas das outras e, assim, conseguir chegar ao destino predeterminado.

QUANTO UMA FORMIGA ANDA POR DIA?

Elas são conhecidas por caminhar até cerca de quinhentos metros por dia, o que é muito para uma formiga. Claro que existem algumas espécies, porém raras, de formigas que caminham até um quilômetro diário.

POR QUE UMA FORMIGA É TÃO FORTE?

Qual o segredo da força das formigas? A verdade é que o segredo está na sua estrutura. A estrutura do tecido da articulação do pescoço das formigas e sua ligação com a cabeça e com o corpo criam um exoesqueleto muito forte. Algo que ajuda também estes insetos a terem uma força incrível é o seu tamanho.

VER SOBRE A FORMIGA:

Uma curiosidade é que uma formiga em um dia pode andar muito mais que um caracol em toda sua vida. Quando observamos essa característica, não podemos comparar porque elas foram criadas para seu propósito e estão cumprindo-o assim como os caracóis. Sua importância está nos detalhes da sua existência, e isso torna cada pequeno ser extraordinário.

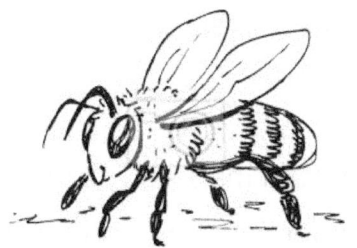

AS ABELHAS

As abelhas são animais pertencentes à classe dos insetos que apresentam um importante papel ecológico, sendo responsáveis pela polinização de várias espécies. As abelhas vivem em sociedades, nas quais é possível observar a divisão de tarefas entre os indivíduos.

As abelhas prestam um serviço fundamental para a humanidade e a biodiversidade, pois são responsáveis pela polinização de aproximadamente 73% das plantas no mundo. Sem polinização, não temos produção de alimentos. Em Santa Catarina, o impacto econômico da apicultura vai muito além da produção de mel.

Além de produzirem mel, elas são responsáveis pela polinização de inúmeros alimentos, como frutas, legumes e grãos, garantindo a segurança alimentar de toda a humanidade.

POR QUE AS ABELHAS PICAM A GENTE?

Então, por que ferram elas? Bom, as abelhas picam porque se sentem ameaçadas, esta é a principal razão. Seja por movimentos bruscos ou até por cheiros fortes ou vibrações sonoras, as abelhas não reagem bem a oscilações no ambiente. É um instinto de defesa.

QUANTOS VOOS A ABELHA FAZ POR DIA?

Quem possui o ferrão são as abelhas-operárias, não os zangões. O zumbido do voo da abelha vem das 11,4 mil batidas das asas por minuto. Na lista de curiosidades sobre abelhas, vale mencionar que, em média, elas fazem 40 voos diários e pousam em até 2 mil flores.

POR QUE A ABELHA MORRE DEPOIS DA FERROADA?

E sim, essas abelhas morrem depois de ferroar você. Mas por quê? Poderíamos dizer que elas morrem pela rainha e pela colônia, mas a verdadeira razão pela qual essas abelhas morrem após a picada é por causa de seus ferrões farpados. Essas farpas brutais, na maioria das vezes, impedem que a abelha puxe o ferrão de volta.

QUANDO SE MATA UMA ABELHA, VÊM OUTRAS?

Disseram que, quando se mata uma abelha, ela solta uma toxina, um cheiro próprio. Se as outras perceberem, invadem o local e vão atrás da que foi morta.

QUANTO TEMPO VIVE UMA ABELHA SEM FERRÃO?

A rainha é única, sendo a fêmea reprodutora do ninho, responsável por botar os ovos que vão originar os novos indivíduos da colônia, e pode viver de 2 a 3 anos. As fêmeas operárias são estéreis, responsáveis pela coleta de material a campo, como pólen, néctar, própolis e barro, e vivem, aproximadamente, de 40 a 50 dias.

A linda e interessante vida da abelha é sua incrível jornada. Sua história é traçada, escrita e seu tempo já está determinado. A abelha tem algumas fraquezas, dentre elas podemos citar sua ferroada. É incrível como um simples gesto de defesa a torna vulnerável, levando-a à morte. Mais uma grande observação: como devemos permanecer e nos dominar mediante situações de grande pressão que nos tiram do nosso propósito e podem até tirar a nossa própria vida. A abelha não ferroa por gosto ou maldade; ela se sente ameaçada e é uma reação que ela pode escolher ou não fazer. A abelha sabe que em sua vida ela não pode ferir e que seu propósito é trazer vida através de sua polinização.

AVES DO CÉU

Vamos pincelar de um modo geral as aves do céu. Claro que cada uma delas tem suas características e funções diferentes. Tempos e propósitos podem até ser parecidos, mas cada uma tem sua singularidade, e isso é o que as torna especiais.

A GRACIOSIDADE DAS AVES NO CÉU

Podemos, antes de falar um pouco delas, ler sobre elas na Bíblia:

Mateus 6:26-30 (ARA)

"Observai as aves do céu: não semeiam, não colhem, nem ajuntam em celeiros; contudo, vosso Pai Celeste as sustenta. Porventura, não valeis vós muito mais do que as aves? Qual de vós, por ansioso que esteja, pode acrescentar um côvado ao curso da sua vida? E por que andais ansiosos quanto ao vestuário?"

QUAL A IMPORTÂNCIA DA AVE PARA A VIDA NA TERRA?

As aves são de extrema importância para o meio ambiente, desenvolvendo importantes papéis na natureza como polinização de plantas, dispersão de sementes, controle de pragas, entre outros.

POR QUE AS AVES SÃO TÃO IMPORTANTES?

As aves não possuem apenas a função de levar as sementes de um lugar para o outro. Existem aves que se alimentam de insetos, sendo responsáveis pelo controle dessas populações, colaborando para a manutenção do equilíbrio do Cerrado. Outro papel de enorme importância das aves no ecossistema é o de polinizadoras.

É incrível a beleza e o detalhe na diferença da vida de cada espécie e a organização de Deus em sua existência. Ele tem tempo determinado, agenda escrita para cada um de nós. Ele nos deu a vida e tudo que Ele fez é bom, perfeito e agradável. Ele montou uma agenda para cada um desses seres citados acima e todos eles têm um desafio, uma fraqueza e um propósito, e tudo isso tem um tempo determinado. E o tempo de escolha é enquanto permanece, porque se não permanecermos, perderemos e sairemos da perfeita jornada da vida. Todos podem escolher o seu propósito, porque...

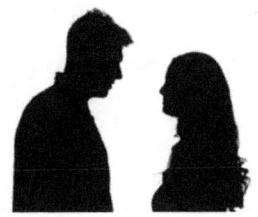

O HOMEM

O humano é a única espécie do gênero Homo ainda viva e o primata mais abundante e difundido da Terra, caracterizado pelo bipedalismo e por cérebros grandes, o que permitiu o desenvolvimento de ferramentas, culturas e linguagens avançadas.

Apesar de todos os esforços, no momento, nossa expectativa de vida média global é de 73,4 anos. O ser humano foi criado para curtir o jardim e ser um adorador de Deus. Podemos encontrar no versículo: "Adoração não é uma parte da sua vida, ela é a sua vida. Como é possível fazer tudo para a glória de Deus? Fazendo tudo como se estivesse fazendo para Jesus." Como também diz na Bíblia: "Tudo o que fizerem, façam de todo o coração, como para o Senhor, e não para os homens" (Colossenses 3:23).

Isaías 43:21: "Povo que formei para mim, para que proclamasse a minha adoração."

Gênesis 1:27-28: 27 "E criou Deus o homem à sua imagem, à imagem de Deus o criou; macho e fêmea os criou. 28 E Deus os abençoou, e Deus lhes disse: Frutificai e multiplicai-vos, e enchei a terra, e sujeitai-a; e dominai sobre os peixes do mar, e sobre as aves dos céus, e sobre todo animal que se move sobre a terra".

O homem, que domina sobre todos os animais, desobedeceu e saiu do seu propósito. O homem recebeu sua jornada e escolheu perder o jardim, trocou a perfeição dos seus dias, o prazer da adoração, para andar em caminhos tortuosos e perigosos. Deixaram o jardim por não ouvirem a voz do Senhor, perderam o descanso e a paz do jardim para vagar para lugares com destinos incertos, vivendo uma vida sem propósito. Deixaram a sua maior função: a adoração. Assim como a abelha, quando não domina a si mesma e pica alguém, perde a caminhada da sua vida, perdendo sua própria vida. Quando os pássaros saem de sua jornada, quando os corações param, quando as borboletas não fazem esforços para suas asas levantarem, quando eles saem de seu propósito, eles se tornam seres perdidos e fracassados, buscando algo que não existe, vivendo uma ilusão. O homem deixou o jardim, mas Deus lhe deu uma nova chance. Deus não tirou o seu principal propósito, que é mesmo em seu erro, enquanto viver, ele ainda pode voltar e escolher se tornar um adorador. Assim como as abelhas, as borboletas, os caracóis, as aves e todos os seres que têm vida e foram criados para seu propósito, sabemos que em toda jornada permanecem as consequências de suas escolhas. Você pode escolher chorar antes por não fazer o que não deve e terá o consolo do criador, do que chorar depois sozinho, sem ninguém, choro sem consolo, sem esperança.

Todos os seres vivos pagaram o preço do pecado, todos tiveram reflexos. Podemos observar mais a fundo que em cada um deles eles tinham os seguintes passos:

- Gerar vida
- Cumprir propósito
- Obedecer a sua jornada, se respeitar biologicamente

E todos, menos os seres humanos, permaneceram focados, respeitando a agenda da sua existência, e são felizes porque a verdadeira felicidade é quando estamos completos, alimentados e sentindo o refrigério do descanso. Adão e Eva, quando pecaram, ficaram aflitos, preocupados, angustiados e sem direção. Seus olhos foram abertos para a maldade, e a falta de pureza e santidade trouxe morte a este mundo, colocando peso sobre a vida das pessoas, dores, afagos e doenças. O homem pecou e, por isso, ele foi retirado do jardim. Podemos ver na Bíblia um versículo que diz:

Romanos 3:23-26: "Pois todos pecaram e estão destituídos da glória de Deus, sendo justificados gratuitamente por sua graça, por meio da redenção que há em Cristo Jesus. Deus o ofereceu como sacrifício para expiação pelo seu sangue, para ser recebido pela fé, de forma a demonstrar sua justiça. Isto porque, na sua tolerância, deixou impunes os pecados anteriormente cometidos. Todavia, no presente, Deus demonstrou a sua justiça, a fim de ser justo e justificador daquele que tem fé em Jesus."

Romanos 3:10-12: 10- Como está escrito: Não há justo, nem sequer um; 11- Não há ninguém que entenda; não há ninguém que busque a Deus. 12- Todos se extraviaram e, juntamente, se fizeram inúteis. Não há quem faça o bem, não há nem um só.

Por que tanta estupidez? Pecaram e permanecem deixando a adoração e a glória do céu para começar a viver o inferno na terra por suas próprias escolhas.

1 João 2:16-17: 16 Porque tudo o que há no mundo, a concupiscência da carne, a concupiscência dos olhos e a soberba da vida, não é do Pai, mas é do mundo. 17 E o mundo passa, e a sua concupiscência; mas aquele que faz a vontade de Deus permanece para sempre.

Você quer voltar para o jardim e retomar a sua jornada de adorador, viver em paz e satisfeito, cumprindo todo seu propósito? Ou você quer vagar sem saber para onde vai? Podemos ver na Bíblia essa parte no versículo de Salmos 1 que nos fala sobre pessoas que vivem segundo seus próprios caminhos.

Salmos 1: Bem-aventurados são os justos — Os ímpios perecerão. 1 Bem-aventurado o homem que não anda no conselho dos ímpios, nem está no caminho dos pecadores, nem se assenta na roda dos escarnecedores. 2 Antes, tem o seu prazer na lei do Senhor, e na sua lei medita de dia e de noite. 3 Pois será como a árvore plantada junto a ribeiros de águas, que dá o seu fruto no seu tempo; as suas folhas não cairão, e tudo quanto fizer prosperará. 4 Não são assim os ímpios, mas são como a palha que o vento dispersa. 5 Pelo que os ímpios não subsistirão no juízo, nem os pecadores na congregação dos justos. 6 Porque o Senhor conhece o caminho dos justos, porém o caminho dos ímpios perecerá.

Ainda há tempo. Enquanto houver respirar, ainda há tempo, mas não conhecemos e nem sabemos quanto tempo temos. Assim como as borboletas, os caracóis, as aves, as abelhas, cada uma tem um tempo, mas elas não sabem o seu tempo. Então, não deixe essa oportunidade, escolha agora porque você não sabe quando será sua última vez.

Eclesiastes 3:1: "Tudo tem o seu tempo determinado, e há tempo para todo o propósito debaixo do céu."

Eclesiastes 8:6: "Porque para todo propósito há tempo e modo; porquanto o mal do homem é grande sobre ele."

Ei, está valorizando qualquer coisa existente no processo doloroso do sistema humano. Vende seu bem mais valioso, troca sua vida pela morte e não consegue enxergar a soberania de Deus. Lembre-se, você não pode dar vida para você mesmo, você só pode gerar vida. A vida que está em você foi dada por Deus e ele dirige.

Para finalizarmos, deixo com vocês mais uma referência do livro mais importante do mundo:

Tiago 4:14: "Vós não sabeis o que sucederá amanhã. Que é a vossa vida? Sois, apenas, como neblina que aparece por instante e logo se dissipa."

Cuidado, não jogue fora sua adoração. Não ande na sorte, seja prudente, e o prudente não espera o mal, ele evita o mal correndo contra o tempo, negando sua carne para viver na glória da adoração e todo seu ser se torna completo.

A Bíblia nos mostra as bem-aventuranças e nos alerta e aconselha ao mesmo tempo. Quem ouve as minhas palavras e obedece?

Mateus 7:24-26 (NVI): "Portanto, quem ouve estas minhas palavras e as pratica é como o homem prudente que construiu a sua casa sobre a rocha. Caiu a chuva, transbordaram os rios, sopraram os ventos e deram contra aquela casa, mas ela não caiu, porque estava alicerçada na rocha."

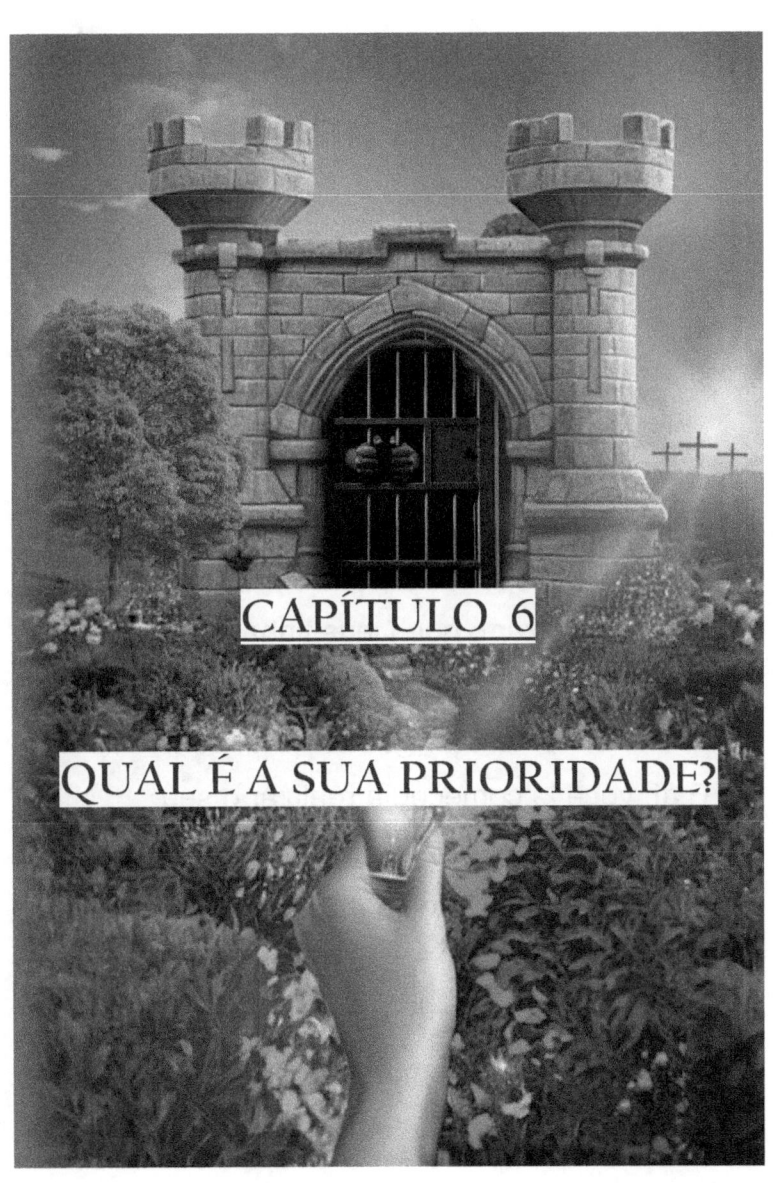

CAPÍTULO 6

QUAL É A SUA PRIORIDADE?

CAPÍTULO 6
QUAL É A SUA PRIORIDADE?

Suas prioridades são o que faz você descobrir ou não o seu propósito. Quero te contar uma historinha:

Veio uma mulher que tinha um sonho. Conversamos e eu falei para ela seguir o seu propósito, priorizar o que Deus tinha para a vida dela. Passando dois anos, eu vi essa mesma mulher novamente e perguntei: "Olá, como vai? E aí? E aí, você já começou a realizar o seu propósito, o sonho de Deus para você, aquilo que você tanto queria?" A mulher virou para mim e falou: "Não posso agora, estou dando prioridade em vender meus panos de prato porque preciso pagar contas." No mesmo momento, me veio um discernimento de entendimento. Milhões e milhares de pessoas valorizam a futilidade da vida, trocam a bênção pela maldição. Aquela mulher não precisava vender aqueles panos de prato porque ela já tinha um marido que pagava todas as contas da casa. Pessoas buscam o insaciável, trocam seu tempo por migalhas e vivem amarguradas correndo atrás do vento. A falta de sensibilidade para ouvir a Deus não te deixa enxergar a glória de Deus e não te permite ouvir a voz dele. Sua busca insaciável de querer mais e mais, para quê? Por quê? Qual o sentido? Aquela mulher trocou seu propósito porque não teve coragem de fazer o mínimo esforço para ouvir e seguir a voz de Deus e entender que para toda fase exige um esforço diferente, mas todas têm. Isso acontece com milhares de pessoas. Querem pagar o que não gastaram, querem viver sempre o que não têm, guardando entulhos, castelos quantos escuros, prisões, e deixam de viver a liberdade do jardim. Aquela mulher já tinha tudo, mas Deus queria o mínimo do seu esforço e nem o mínimo ela deu para Deus.

1 Timóteo 6:8-10: "Por isso, tendo o que comer e com que nos vestir, estejamos com isso satisfeitos. No entanto, os que querem ficar ricos caem em tentação, em ciladas e em muitos desejos insensatos e nocivos, que levam os homens a mergulhar na ruína e na destruição, pois o amor ao dinheiro é a raiz de todos os males. Algumas pessoas, por cobiçar o dinheiro, se desviaram da fé e se afligiram com muitos sofrimentos."

O dinheiro vem na medida do seu propósito para cumprir a boa, perfeita e agradável vontade de Deus. Ele não vem para você se engrandecer, ele vem para você doar e expandir os celeiros. O amor ao dinheiro é a raiz. Não ame nada nem ninguém porque o primeiro mandamento é:

Mateus 22:36-40: 36 "Mestre, qual é o maior mandamento da Lei?" 37 Respondeu Jesus: " 'Ame o Senhor, o seu Deus de todo o seu coração, de toda a sua alma e de todo o seu entendimento'. 38 Este é o primeiro e maior mandamento. 39 E o segundo é semelhante a ele: 'Ame o seu próximo como a si mesmo'."

VAMOS COMEÇAR OUVINDO MAIS UMA HISTÓRIA:

Uma família: conheci uma família que se perdeu em princípios e valores, que perderam sua identidade, não sabendo mais quem eram. Eles alimentaram pequenos monstros em seus relacionamentos e pararam de se amar. Começaram a ressuscitar momentos de destruição, deixando de se amar, ouviram o mundo e os conselhos do mundo, e se perderam em suas próprias amarguras. Deixaram de viver a glória, a paz, o amor e a santidade para seguir a multidão.

Quando deixamos de ouvir a voz de Deus, nos perdemos em nossos próprios caminhos. A sua vida só tem uma história. Qual é a sua escolha?

MATEMÁTICA DE DEUS VS MATEMÁTICA HUMANA

Matemática é adição, multiplicação, divisão, frações, porcentagem, geometria, álgebra. De fato, os cálculos são importantes, mas a disciplina é, antes de tudo, um olhar e uma linguagem do mundo, é a "ciência dos padrões" e "torna o invisível visível". Padrões são coisas que se repetem de uma maneira lógica. A sequência de Fibonacci é um bom exemplo dessa relação entre o olhar e a matemática.

As regras matemáticas HUMANAS são aplicadas em um sistema matemático ou de medição, e servem para obter resultados confiáveis, pois operam sempre da mesma forma. As regras matemáticas mais comuns são:

- Adição
- Subtração
- Multiplicação
- Divisão

Podemos observar algumas coisas interessantes: que todo cálculo tem sua regra e forma correta de executar a resolução desse problema. Durante toda a vida, os homens procuram cálculos para tomarem decisões. Na construção de uma casa, de um prédio, nas compras do mercado. Quando sonhamos, também planejamos matematicamente para obter recursos para trilhar aquele caminho que desejamos e muitas outras coisas em nosso dia a dia. Muitas vezes falamos aquela velha frase: "Vishi, fiz as contas erradas", "Ops, acabei confundindo". Mais uma frase que falamos: "Nossa, estava tudo para dar certo, mas deu errado, não sei por quê". Podemos observar que tudo no mundo gira em torno de porcentagens: qual a porcentagem, a média para dar certo ou errado aquela situação. Somos prudentes, olhamos, caminhamos, andamos convictos a 100% daquilo que podemos ver. Esquecemos que nossa visão é limitada e, ela sendo limitada, já torna nossa matemática imperfeita. Por mais que nossos cálculos sejam quase certos, nunca conseguimos ter certeza ou caminhar 100% convictos em nossas escolhas porque nossas limitações nos impedem de ter a resolução matemática perfeita da vida. Porque toda equação matemática precisa ter alguns elementos essenciais:

- Sinal de Igualdade: Toda equação contém o sinal de igualdade (=).
- Primeiro e Segundo Membro: Uma equação é dividida em duas partes.
- Incógnita: A incógnita é a variável desconhecida na equação. Geralmente,

usamos as letras x, y ou z para representar a incógnita. O objetivo é encontrar o valor da incógnita que torna a equação verdadeira.

Lembre-se de que uma equação verdadeira tem os dois lados iguais, enquanto uma equação falsa tem o sinal de igualdade, mas as expressões não são iguais.

Observando esse ponto de partida, podemos perceber algumas coisas importantes para uma equação ter o resultado correto: ela precisa de todos os elementos, ordem e sequência perfeita, e uma observação, uma visão geral do que pede a equação, pequenos e grandes detalhes que fazem toda a diferença.

Pincelamos a base para obter um bom cálculo. A partir deste momento, saberemos os desafios para que toda etapa dessa equação seja resolvida da forma exata, porque se um desses processos de resolução ficar errado, o resultado será comprometido. Começamos a observar em nossa vida, quando acordamos, que tudo ao nosso redor está sendo contabilizado: horas, tempo para cada coisa. E conseguimos observar que tudo tem sua hora, seu tempo para estar, fazer, criar, etc. Lidar com toda essa matemática tendo uma visão limitada já nos torna incapazes de resolver sozinhos e chegar a um resultado perfeito. Quando fazemos a matemática da nossa vida baseada em nosso olhar limitante do amanhã, temos uma visão conturbada, a clareza não se torna tão visível. Quando olhamos para Deus, caminhamos com Deus, ele tem a parte da equação que nós não temos, ele tem o amanhã e nós só temos o hoje.

Temos o hoje e, no máximo, o amanhã e nossos achismos que podem estar certos ou errados porque nossa incapacidade gera em nós a dependência daquele que tudo criou e cujo olhar está em todos os lugares. Ele tudo formou, tudo criou. Com ele, temos o princípio, meio e fim perfeitos, a matemática perfeita da adoração, o jardim e seus detalhes.

Nossa vida é matematicamente correta quando confiamos nos padrões criados por Deus. A confiança é apenas uma escolha de reconhecer que você é limitado e que não pode ver todas as coisas. Confiança em Deus é sabedoria, reconhecimento e entendimento. É o temor e a obediência. A obediência gera humildade e a humildade te faz crescer porque evitará vários problemas, várias sequelas, várias situações que te destruiriam. Lembre-se do início, quando Deus criou todas as coisas. Lembre-se do jardim, quando eles desobedeceram a Deus e andaram segundo seus próprios caminhos, eles perderam a equação porque acharam que tinham todos os elementos para fazer sua própria matemática. E no final, Adão e Eva perderam o jardim da adoração. Hoje, buscamos a adoração todos os dias para nos preencher e muitos escolhem o jardim da adoração e muitos deixam a glória de Deus e ficam fora do jardim. E a partir desse momento, caminham, correm para sobreviver e vivem perdidos, cansados, frustrados, atormentados. Não faça como tantos outros que deixaram a perfeição do jardim, a equação perfeita, para caminhos imperfeitos. Não deixe o jardim, corra para encontrar o criador, deixe ele fazer toda a matemática correta da sua vida.

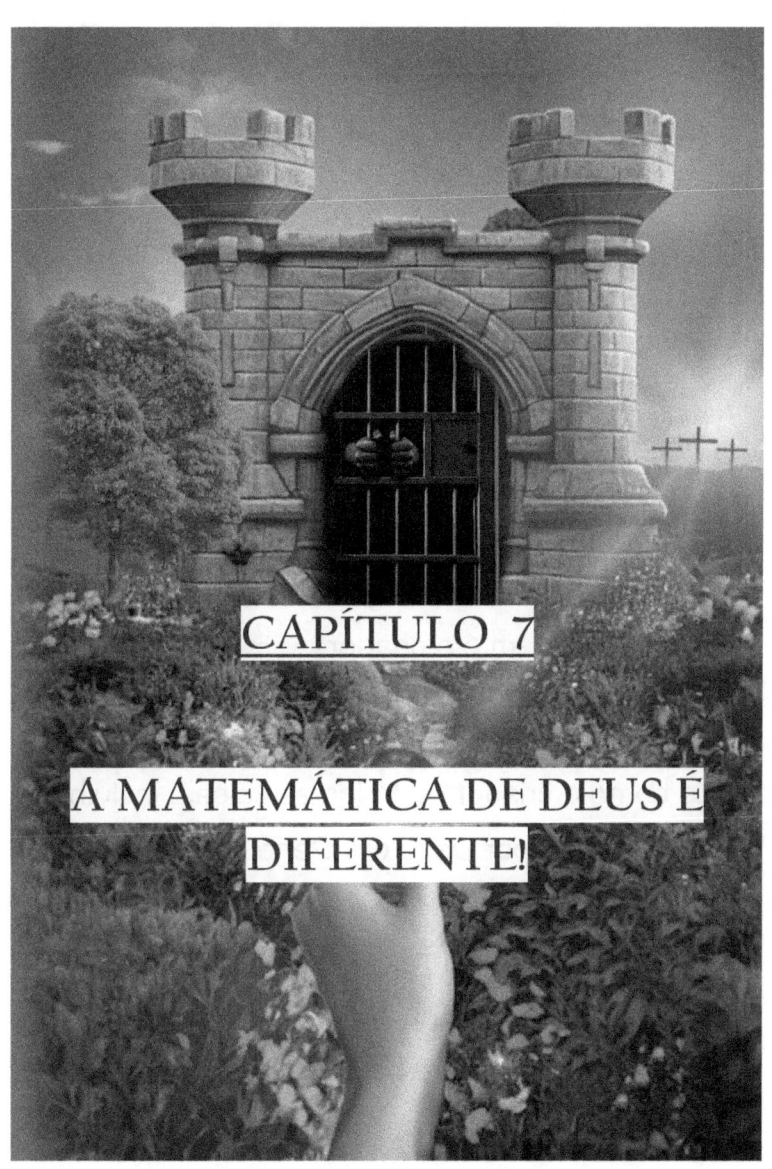

CAPÍTULO 7

A MATEMÁTICA DE DEUS É DIFERENTE!

CAPÍTULO 7
A MATEMÁTICA DE DEUS É DIFERENTE!

Portanto, por que confiar em seus próprios caminhos sendo que eles são incompletos e têm uma visão limitada de tempo?

Entenda alguns pequenos grandes detalhes: Começando: quem é o criador?

Colossenses 1:16: Esse versículo se refere a Jesus como o criador de todas as coisas, incluindo o mundo criado por Deus em Gênesis 1. "Porque nele foram criadas todas as coisas nos céus e na terra, as visíveis e as invisíveis, sejam tronos, sejam dominações, sejam principados, sejam potestades. Tudo foi criado por ele e para ele."

Gênesis 2:7: "E formou o SENHOR Deus o homem do pó da terra e soprou em seus narizes o fôlego da vida; e o homem foi feito alma vivente."

João 1:3-4: "Todas as coisas foram feitas por ele, e sem ele nada do que foi feito se fez. Nele estava a vida, e a vida era a luz dos homens."

1 Samuel 2:6: "O SENHOR é o que tira a vida e a dá; faz descer à sepultura e faz tornar a subir dela."

Salmos 16:11: "Far-me-ás ver a vereda da vida; na tua presença há abundância de alegrias; à tua mão direita há delícias perpetuamente."

Entenda que a matemática de Deus está com todos os elementos desde a criação até os dias de hoje. Ele tem todas as respostas, mas isso não significa que você precisa saber e entender todas elas.

A sua ciência é incompleta, sua ciência te leva à loucura porque você não tem todos os elementos necessários para as soluções matemáticas de sua vivência.

Aprenda, estude no limite até o tamanho da sua caminhada. Você não consegue respirar mais ar do que o necessário em uma única respiração. Sua limitação é a respiração, somente o que cabe dentro dos seus pulmões. Dentre outras limitações que seu corpo tem, você não consegue viver sem dormir, sem comer, sem respirar e todas essas coisas são limitadas à quantidade que seu corpo necessita. Você quer ter todas as respostas? Mesmo que você tivesse todas as respostas, você não entenderia porque sua mente é limitada. Sua visão humana, sua mente nunca vai entender a grandiosidade de Deus e sua soberania, nunca entenderá a matemática perfeita da divindade de Cristo, não entenderá a si mesmo por completo nem sua geração. Então, faça o seu melhor e confie no criador de todas as coisas. Creia. Podemos fechar esse livro com mais um versículo bíblico:

Hebreus 11:1-3: "Ora, a fé é o firme fundamento das coisas que se esperam, e a prova das coisas que se não veem. Porque por ela os antigos alcançaram testemunho. Pela fé entendemos que os mundos pela palavra de Deus foram criados; de maneira que aquilo que se vê não foi feito do que é aparente."

Entendeu?

Você consegue melhorar e trabalhar sua humanidade limitada e entendê-la parcialmente, mas nunca entenderá a soberania e a grandeza da criação de todas as coisas. Se entender, se melhorar, ok. Conhecer e aprender e ter um relacionamento de amizade com o criador, ok. Saber todas as coisas, você nunca saberá. Você pode ser o maior cientista de todos os tempos, mas sua visão é limitada ao tempo, espaço e matéria. Você não criou nada e nem está em todos os lugares. Não entende a criação nem na sua bondade nem na sua fúria. Você é mais um vulnerável tentando entender a criação e a humanidade.

Mas uma coisa é certa: assim como no jardim, cada criatura caminha e encontra seu propósito, e toda a sua caminhada é limitada por suas próprias limitações físicas. Podemos ver que todos eles encontram seu propósito e seu caminho. Confie e tenha fé no Deus criador que te fez viver e encontre o propósito. Qual a diferença que fará no mundo no plano em que você foi criado? E você será perfeito na sua imperfeição. Ter fé, confiar e se encontrar te trará consolo, descanso e paz para seus dias. Mas o contrário disso te levará a grandes frustrações, poucas e pequenas realizações, ou nenhuma, um vazio e uma sensação de que ainda lhe falta algo. Você sentirá isso enquanto não confiar em Deus e ter fé para que na matemática dele seu propósito brilhe na escuridão. Saia dos quartos escuros dos grandes palácios, pare de murmurar nos muros dos castelos, olhe e veja a criação, a luz do jardim, o equilíbrio da perfeição na imperfeição.

Não precisa entender, só precisa olhar e ver que sem Deus nada do que existe valerá, nada do que você fizer permanecerá. O sistema suga seu melhor e depois te troca por outro que convém naquele momento ou que aparentemente está um passo à frente. Te descarta, usa seu melhor e te joga fora. E você se sente um inútil, incompetente. E você surta, e as pessoas lhe perguntarão: "O QUE VOCÊ FEZ?" E você viverá na escuridão, tentando impressionar os limitados que buscam a grandeza na soberania sem amor. Te trocam, e aí, o que valeu ganhar tudo e perder a si mesmo, perdendo sua alma?

Não faça como Eva, que saiu do jardim para ter que buscar seu próprio sustento, seus próprios esforços, dias difíceis e ainda morrer.

LEMBRE-SE: SUA VERDADE NÃO É ABSOLUTA, SUA VISÃO É LIMITADA E SUA VIDA ACABARÁ SEM ENTENDÊ-LA POR COMPLETO. POR QUE BUSCAR POR ALGO QUE VOCÊ NÃO SABE E NÃO CONHECE? SENDO ASSIM, NUNCA ENCONTRARÁ PORQUE SÓ ENCONTRAMOS O QUE CONHECEMOS. APRENDA, TENHA FÉ E CAMINHE NO SEU PROPÓSITO E VOCÊ SERÁ BEM-SUCEDIDO COMO TODOS OS ANIMAIS DO JARDIM QUE, COM SUAS DIFERENÇAS, FAZEM GRANDES COISAS.

João 13:34: Ele diz: "Um novo mandamento dou a vocês: Amem-se uns aos outros. Como eu os amei, vocês devem amar-se uns aos outros."

VIVER NO JARDIM É:

- Viver em paz
- Ter a leveza da vida e contemplar os pequenos detalhes
- Descanso enquanto o mundo vive em guerra
- Saber que ali está o melhor e que não há outro lugar
- Reconhecer sua pequenez, suas fraquezas, para que elas não dominem você
- A escolha perfeita da vida

CONCLUSÃO

Após toda essa jornada de aprendizado do livro Jardim da Adoração, que nos mostrou a diferença de cada personagem que apareceu no jardim, desde o Criador até a criação, início, meio e fim, podemos observar que todas nossas dúvidas e respostas estão nos grandes pequenos detalhes da vida que deixamos passar. Ficamos com nossa autoestima comprometida porque vivemos uma vida insaciável, querendo nos moldar ou ser o que as vozes espalhadas pelo mundo falam ao vento. Vozes insaciáveis nos levam a pesar nossa história e não encontrar nosso propósito. Vemos que toda a perfeição está em apenas uma pequena frase bíblica que diz: João 3:16 - "Porque Deus amou o mundo de tal maneira que deu o seu Filho Unigênito, para que todo aquele que nele crê não pereça, mas tenha a vida eterna."

Você passa sua vida crendo em tudo, menos em Deus, e isso te faz perecer sonhos, liberdade, amor, realizações e ainda perder sua alma. Conhecer a jornada do livro Jardim da Adoração abriu seu olhar para enxergar a grandeza da beleza da criação e suas diferenças e papéis. A visão geral mostra que não basta ser um doutor emocionalmente equilibrado e inteligente, ainda faltará o alicerce porque o mundo te joga fora, mas Cristo te renova todas as manhãs para o descanso de sua alma e cumprimento de seu propósito. A visão geral do livro te leva a entender que você não é a solução que tanto acredita e que seus planos e suas medidas são fragilizados pelo simples fato de não ter todas as respostas da criação e não ter o dia de amanhã. O livro te mostra sua limitação e que, com isso, nunca conseguiria fazer o cálculo perfeito de sua história. O livro mostra que ninguém é autossuficiente e que todas as suas escolhas estão pautadas na sua pequena visão limitada.

Após toda essa visão e entendimento, use a sua humildade de forma inteligente porque a humildade te faz enxergar suas limitações, mas a arrogância te leva a ver o que não existe, a valorizar o que não deveria e a se enganar, perdendo a matemática perfeita da vida. Você tem uma pequena parte, mas Cristo tem todas as outras. Não seja louco em seus próprios caminhos porque eles vão te reprovar na prova. Tenha confiança no Criador que tudo criou e toda história percorre perfeitamente. Após viver esse relacionamento no Jardim da Adoração, você descansará porque o jardim é visitado todas as tardes pelo Criador, que cuida de tudo em todo momento. Você pode ser extraordinário se juntar seu equilíbrio humano com a perfeição da glória de Deus.